LE TABLEAU PARLANT,

COMEDIE-PARADE.

EN UN ACTE ET EN VERS,

MELÉE D'ARIETTES.

Par M. ANSEAUME.

La musique de M. GRÉTRY.

Représentée pour la premiere fois par les Comédiens Italiens ordinaires du Roi, le Mercredi 20 Septembre 1769.

A PARIS.

Chez DIDOT, l'aîné, Imprimeur & Libraire Ruë Pavée.

M. DCC. LXXXVII.

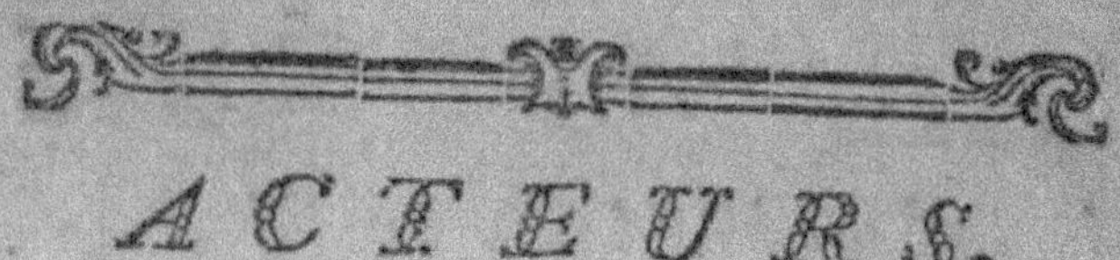

ACTEURS.

CASSANDRE, Tuteur d'Isabelle.

ISABELLE.

COLOMBINE, Suivante d'Isabelle.

LÉANDRE, Neveu de Cassandre, Amoureux d'Isabelle.

PIERROT, Valet de Léandre.

La Scene est chez Monsieur Cassandre.

*Le Tableau qui représente le portrait de
M. Cassandre, est posé sur un chevalet
dans le fond du Théâtre.*

LE TABLEAU PARLANT,

COMEDIE-PARADE.

SCENE PREMIERE.

ISABELLE, *seule.*

ARIETTE.

JE suis jeune, je suis fille ;
On me trouve assez gentille ;
Je possede quelque bien,
On me courtise, on me vante.
Je devrois être contente :
Mais, hélas ! il n'en est rien.
En secret mon cœur soupire :
J'entends bien ce qu'il veut dire ;
Mais je n'en fais pas semblant.
La maudite bienséance
M'impose un cruel silence.
Quelle gêne ; quel tourment !
Je suis jeune, &c.
Sans contredit je suis dans l'âge
Où l'on porte aisément le joug du mariage ;
J'en ai tout-à-la-fois & désir & besoin.
Mais depuis que Monsieur Léandre,
Le seul homme pour qui j'ai pu devenir tendre ;
Est parti, pour aller je ne sais où... bien loin ;
Un funeste trépas me ravit pere & mere.
Le vieux Cassandre mon Tuteur,
Malgré ses cheveux gris, entreprend de me plaire ;
Et prétend m'engager dans un hymen trompeur.
Pour sortir d'embarras, je ne sais comment faire.
Il faut pourtant prendre un parti.
Mais Colombine, ma suivante,
Est une fille intelligente.
Il faut la consulter.... Justement, la voici.

A 4

SCENE II.

ISABELLE, COLOMBINE.

COLOMBINE, *entre en chantant.*

Fragment d'une Ariette de la Veuve indécise.

IL nous faut au village
Un mari jeune & dodu ;
A cela près, femme sage
Prend le premier venu.

ISABELLE.

De grace , modérez ces transports d'allégresse ;
Vous voyez que votre Maitresse
A la tristesse dans le cœur ;
Respectez du moins sa douleur.

COLOMBINE.

Est-ce ma faute si vous soupirez sans cesse ?
Que ne faites-vous comme moi ?
(*Elle chante*)
Je ris toujours, je chante, je badine....

ISABELLE.

Encore ! en vérité , ma chere Colombine ,
Dans l'état où je suis, j'attendois mieux de toi.

COLOMBINE.

Eh bien *!* qu'est-ce qui vous chagrine ?

ISABELLE.

Je t'ai confié mes secrets.
Dans mon cœur comme moi tu sais ce qui se passe ;
Tu sais pour qui l'amour me fait sentir ses traits.
Conseille-moi, voyons. Que faut-il que je fasse ?

COLOMBINE.

Restez. Courez. Prenez. C'est tout ce que je vois.

ISABELLE.

Explique-toi. Restez...

COLOMBINE,

Restez fille.

ISABELLE.

Qui ? moi !

Je te le dis en confidence,
Mais, mon enfant, cela n'est pas en ma puissance.

COLOMBINE.

Courez les champs. Allez par voie & par chemin
Chercher votre amoureux Peut-être qu'à la fin....

ISABELLE.

Colombine, je suis une fille bien née ;

Malgré mon inclination ,
Je me souviens toujours de l'éducation
Que mes chers parens m'ont donnée.
COLOMBINE.
Prenez Caſſandre pour époux.
ISABELLE.
Il eſt bien vieux.
COLOMBINE.
Mais entre nous ,
Vous n'avez rien de mieux à faire ;
Il eſt riche , il pourroit...
ISABELLE.
Ma chere ,
Il eſt bien vieux.
COLOMBINE.
Nous y voilà.
On a tout dit quand on a dit cela.
Faut-Il donc pour ſi peu lui faire une querelle ?
Allez , allez , Mademoiſelle.
ARIETTE.
Il eſt certains barbons
Qui ſont encore très-bons.
Il n'ont pas le caquet
D'un jeune freluquet ;
Ils n'en ont pas les mines ,
Les graces enfantines ;
Ils ont je ne ſais quoi ,
Qui vaut mieux , ſelon moi.
Et ne vaut-il pas mieux
Etre Dame & Maîtreſſe ,
Et commander ſans ceſſe ,
Avec un mari vieux ,
Que de ſe voir l'eſclave
D'un pimpant qui vous brave ,
Qui promene en tous lieux
Sa tendreſſe & ſes vœux ,
Tandis que ſa moitié
Pleure & ſeche ſur pied.
Il eſt certains barbons
Qui ſont encore très-bons.
ISABELLE.
Mais ce je ne ſais quoi , du moins il faut l'avoir ,
Et... regarde Monſieur Caſſandre
Et dis-moi ſi on peut s'attendre...
COLOMBINE.
Patience donc , il faut voir.
ISABELLE.
Tiens , voilà ſon portrait , conſidere examine ,
Peux-tu penſer que cette mine...
COLOMBINE.
Oui , le voilà...

ISABELLE.

Prends garde ; il est encore tout frais:
Demain, pour le finir, le Peintre vient exprès.
Jusques-là, le bon-homme a demandé par grace ;
Que l'on n'y touche point, & qu'on le laisse en place.

COLOMBINE.

Il a raison, c'est un chef-d'œuvre sur ma foi.

ISABELLE.

Tu badines toujours. Mais, parlons vrai, dis-moi ;
Supposons, c'est toi qu'on marie ;
L'original dont voilà la copie,
Seroit-il à tes yeux un objet bien tentant ?

COLOMBINE.

Oh bien ! tentant, c'est autre chose.
C'est un époux qui se propose.
Il faudroit l'aimer, mais.... je n'exige pas tant.
Sachez feindre, il sera content.

ISABELLE.

Je le fais, puisqu'enfin c'est un point nécessaire ;
Depuis quelques jours moins sévere,
J'écoute ses propos galans,
Et j'affecte pour lui de plus doux sentimens.

COLOMBINE.

Pas encore assez bien.

ISABELLE.

C'est que l'on a beau faire ;
Quand naturellement on a le cœur sincere,
Et qu'il faut en venir à cette extrêmité....

COLOMBINE.

Je vous plains bien en vérité.

ISABELLE.

Mais je ne suis point à mon aise.
Déja tout occupé du bonheur qu'il attend,
Le bon-homme devient plus vif & plus ardent.
Si tu savois combien cela me pese,
Combien je prends sur moi, dans de certains instans,
Pour résister à mon impatience,
Quand il vient me conter d'un air de complaisance,
Tout le fade jargon des amours du vieux temps.

ARIETTE.

Tiens, ma Reine, je soupire ;
Vois l'excès de mon amour.
Si tu ne veux que j'expire,
Sois donc sensible à ton tour.
Quelquefois d'un pas incertain,
Et d'un allure chancelante,
Il m'aborde, il me prend la main,
Que par pitié je lui présente ;
Alors ce sont des transports,
Des transports à faire rire :
Il fait les plus grands efforts,

Pour me prouver son martyre.
Tiens, ma Reine, &c.

COLOMBINE.

Eh !... que lui dites-vous ?

ISABELLE.

Je demeure interdite,
Je veux répondre & je ne puis.
Il croit qu'amour pour lui m'agite,
Quand je succombe à mes ennuis.

COLOMBINE.

A tout cela, je n'ai qu'un mot à dire.
C'est l'arrêt du destin, c'est à vous d'y souscrire.
Quand on n'a pas le choix.... Le voici. Taisons-nous.

ISABELLE.

Qui donc !...

COLOMBINE.

Votre futur époux,
Qui vient vous rendre son hommage.

ISABELLE.

M. Cassandre ! O Ciel ! L'ennuyeux personnage !

COLOMBINE.

Songez à suivre ma leçon.

SCENE III.

ISABELLE, COLOMBINE, CASSANDRE.

CASSANDRE.

BOnjour ma charmante Isabelle !
Comment vous portez-vous ?

COLOMBINE, *à Isabelle.*

Fort bien. Répondez donc.

CASSANDRE.

Colombine... Vois qu'elle est bélle !
Ses beaux yeux dans mon cœur, font naître le plaisir,
Et rien qu'en la voyant, je me sens rajeunir...
(*à Isabelle.*)
Mais elle ne dit rien ! Qu'avez-vous donc !
(*A Colombine.*)
Qu'a-t-elle !

COLOMBINE.

Beaucoup d'amour pour vous, Monsieur, certainement.

CASSANDRE.

Quoi ! tout de bon !

ISABELLE, *à part.*

Comme elle ment !

CASSANDRE.

Mais certainement tu me charmes,

(*A Isabelle.*)
Et toi confirme moi ce gracieux aveu ;
Si tu veux sans retour dissiper mes allarmes.

ISABELLE.

Colombine exagere un peu.

COLOMBINE, *à Cassandre.*

Pures façons.. la modestie...
Vous savez ce que c'est, Monsieur, & quels combats
Eprouve dans son cœur une fille attendrie,
Qui voudroit s'exprimer & qui ne l'ose pas.

CASSANDRE, *riant.*

Mais à la fin, il vient un temps où l'honneur même
L'oblige à confesser qu'elle aime,
Et ce temps va bientôt venir.
Tel que le loup pressé q'une faim dévorante,
L'hymen guette déja la brebis innocente,
Et sous sa dent cruelle est prêt à la saisir...
Tu ris... tu ne crains pas ce loup-là...

COLOMBINE.

Je vous jure

Qu'il ne lui fera point de mal.

CASSANDRE.

Non je t'assure.

Ainsi nous voilà donc d'accord.
Tu consens de t'unir à moi par mariage ?

ISABELLE.

Tout comme vous voudrez.

COLOMBINE, *à Cassandre.*

Eh bien ! avois-je tort ?

(*A Isabelle.*)
Appuyez encore davantage.

CASSANDRE.

ARIETTE.

Cet aveu charmant
Répand dans mon ame
Une vive flamme,
Un feu ravissant.
L'enfant de Cythere,
Vois-tu bien , ma chere ;
L'enfant de Cythere
Veut être caressé :
La moindre contrainte
Lui porte une atteinte,
Dont il est offensé :
Mais il prend l'essor
Dès qu'il se voit maître.
Je le sens au transport
Qu'en moi tu fais naître.
Cet aveu charmant
Répand dans mon ame , &c.

COLOMBINE.

COLOMBINE, *ironiquement.*

Faites-lui donc quelque caresse ,
A ce petit enfant.

CASSANDRE, *ricanant.*

Hom ! hom ! la bonne piece !
Ah ! ça , tout est dit là-dessus.

COLOMBINE.

C'est de bon cœur, je vous assure.

CASSANDRE, *à part.*

Plus j'en vois , plus je veux poursuivre l'avanture
Et les projets que j'ai conçus.   (*Haut.*)
Je vais vous causer de la peine,
Et j'en suis affligé tout le premier.

COLOMBINE.

Comment !

CASSANDRE.

Il faut pour la Ville prochaine,
Que je parte dans le moment ,

ISABELLE.

A l'heure même ?

CASSANDRE.

Dans l'instant.
C'est pour une pressante affaire.
Tous les Notables du pays
Y sont mandés pour donner leur avis.
Vous voyez bien...

COLOMBINE.

Oui , oui.

CASSANDRE.

Que j'y suis nécessaire ;
J'ai toujours différé ; mais enfin , l'on m'attend ;
Et je ne puis faire autrement.

COLOMBINE.

A la veille d'un mariage
Vous allez vous mettre en voyage !

CASSANDRE.

Dans trois jours au plus tard je serai de retour,
Pour ne plus m'occuper que de mon seul amour.
Dans nos adieux du moins une chose me flatte,
C'est que votre tendresse éclate.

COLOMBINE.

Vous nous jouez un vilain tour.

(*A Isabelle.*)

Allons donc vous. Quelque douce parole.
Vous êtes là comme une idole.

ISABELLE.

(*A Colombine.*)   (*A Cassandre.*)
Laissez-moi faire,   Assurément
La circonstance...   le tourment...
Qui me suffoque...   & puis les craintes

B

COLOMBINE, *bas à Isabelle.*
Bien , bien.

CASSANDRE.
Elle pleure , je croi.
Chere petite calme-toi.
Tu m'attendris trop par tes plaintes.

TRIO.

CASSANDRE.
Il faut partir , ô peine extrême !

COLOMBINE.
S'éloigne-t-on de ce qu'on aime ?

ISABELLE.
Hélas ! que faire seule ici !

CASSANDRE.
Console-toi , ma toute belle.

COLOMBINE.
Que je la plains , pauvre Isabelle !

ISABELLE.
Pouvez-vous me quitter ainsi ?

CASSANDRE.
Ma toute belle !

COLOMBINE.
Pauvre Isabelle !
Pouvez-vous l'affliger ainsi !

ISABELLE.
Pouvez-vous me quitter ainsi ?

CASSANDRE.
Quel bonheur de te plaire ainsi !
Rassure-toi , chere Isabelle :
De ton amant le cœur fidele
Auprés de toi toujours sera.

ISABELLE.
En proie à ma douleur mortelle ,
Pendant votre absence cruelle ,
Le noir chagrin m'accablera.

COLOMBINE.
La friponne ! l'entend-elle !
Pour le peu qu'elle s'en mêle.
Des maris elle trompera ,
Tout autant qu'elle en trouvera.

CASSANDRE.
Il faut partir ! &c.

COLOMBINE.
Et cette affaire-là ne sauroit se remettre !

ISABELLE, *bas à Colombine.*
Tais-toi donc , laisse-le partir.

CASSANDRE.
Eh bien ! pour vous faire plaisir
Je vais envoyer une lettre
Comme si ma santé....

COLOMBINE.

Non, non.

ISABELLE.

Non ; j'apprehenderois que cette complaisance
Ne fit tort à votre prudence,
Et l'amour doit se taire où parle la raison.

CASSANDRE.

Croyez-vous ? Il faut donc se faire violence.

ISABELLE.

Oui , partez.

CASSANDRE.

Si pourtant...

COLOMBINE , *à part.*

Pars donc , maudit barbon.

ISABELLE.

Et revenez en diligence.

CASSANDRE , *à part.*

J'entrevois du mic-mac , mais voyons jusqu'au bout ,
(*A Isabelle.*)
Dans votre appartement rentrez , ma chere amie ;
Rentre avec elle aussi , Colombine & sur-tout,
Tiens-lui fidele compagnie.

ISABELLE.

Allons.... adieu , Monsieur.

CASSANDRE.

Adieu, consolez-vous.

ISABELLE.

Prenez bien garde aux voleurs.

COLOMBINE.

Aux filoux.

ISABELLE.

On dit que l'on en voit tant & plus sur la route.

COLOMBINE.

Vos pistolets sont-ils en bon état ?

CASSANDRE.

Sans doute.
J'ai tout ce qu'il me faut.

COLOMBINE.

Adieu Monsieur.

CASSANDRE.

Adieu.

Colombine & Isabelle rentrent dans leurs chambres.

SCENE IV.

CASSANDRE.

J'en reviens toujours là. Tout ceci n'est qu'un jeu.
Un changement si prompt cache quelque mistere.
Après tant de rigueur, de rebuts , de mépris,

Si cette douleur est sincere,
Oh ! pour le coup je serois bien surpris.
Mais à quoi bon cette maudite ruse ?
Eh ! n'est-ce pas assez que cela les amuse ?
Elles sont jeunes toutes deux,
Et d'un sexe... moi je suis vieux...
Cela suffit. Il faut que je sois leur victime,
Et m'épargner seroit un crime.

ARIETTE.

Pour tromper un pauvre vieillard,
Il n'est détour que l'on n'invente ;
Il n'est effort que l'on ne tente.
Enfans, neveux, valet, servante,
Chacun brûle d'y prendre part
On le dorlote, on le mitonne...
Tout cela n'est que trahison.
Tantôt c'est une main friponne
Qu'on lui passe sous le menton....
Le bon homme enchanté s'écrie,
» Ah ! quel bonheur ! ma chere amie...!
» Encor... Encor....
Tu ne vois pas pauvre butor,
Que cette main qui te caresse,
Qui de plaisir fait t'enyvrer.
Cachant le fer dont elle blesse ;
Te flatte pour te déchirer.
Pour tromper un pauvre vieillard,
Il n'est détours que l'on n'invente,
Il n'est effort que l'on ne tente.
Enfans, neveux, valet, servante,
Chacun brûle d'y prendre part.
Pour moi qui, grace au Ciel, ai vécu plus d'un jour ;
Je connois les ruses d'amour,
Et malgré mon air imbécile,
Peut-être qu'à tromper je serai difficile.
Déja par un voyage à plaisir inventé
Je leur laisse à dessein liberté toute entiere.
Et dans ce cabinet secretement posté,
Je verrai de quelle maniere...
Qu'entends-je.... des ris, des éclats !
Ah ! tant mieux, le chagrin ne les mégriras pas.
Mais pourquoi ce nouveau délire ?...

(*il appelle*)

Colombine......

SCENE V.

CASSANDRE, COLOMBINE.

COLOMBINE.

Monsieur... comment ! encore ici ?
Nous vous croyons déja parti.

CASSANDRE.

Je le pense. Est-ce là ce qui vous faisoit rire ?

COLOMBINE.

Non , vraiment... c'est... que nos deux Sereins.
Qu'on avoit mis ensemble en cage ,
Le mâle est échappé... Vous jugez quel chagrin !...
La femelle gémit , Isabelle en enrage ,
Et dans l'excès de sa douleur !
Dit , en sanglottant, qu'un malheur
Ne vas jamais sans l'autre.

CASSANDRE.

Et toi ?

COLOMBINE.

Je la console.

CASSANDRE.

En riant ?

COLOMBINE.

Justement je ris comme une folle ,
Par contre-coup je la fais rire aussi.

CASSANDRE.

Ecoute... à cœur ouvert expliquons-nous ici.
Est-il bien certain qu'elle m'aime !

COLOMBINE.

Quoi ! vous en doutez !

CASSANDRE.

Qu'elle m'aime...
De la façon que je voudrois !

COLOMBINE.

Qu'elle est votre façon , dites-nous ça vous même,
Qu'exigez-vous !

CASSANDRE.

J'exigerois
Qu'étant à m'époufer ainsi déterminée ,
L'amour fit les honneurs de ce doux hymenée ,
Et qu'elle ne m'époufât pas
Dans l'espoir d'être bientôt veuve.

COLOMBINE.

Quelle idée! & sur quelle preuve ,
Lui prêtez-vous des sentiments si bas ?

CASSANDRE.

Quand on voit une jeune fille

Epouſer un vieillard ; on croit toujours que c'eſt
Quelque raiſon ſecrete , ou motif d'intérêt ,
Qui la guide , & cela fait que l'on en babille.
Je ne veux point donner matiere aux médiſants.
Dans ma femme je veux trouver les ſentiments
  Qu'inſpire une tendreſſe extrême.
Je veux enfin , je veux être aimé pour moi-même ;
  Tout comme ſi je n'avois que vingt-ans.

COLOMBINE.

C'eſt votre dernier mot ?

CASSANDRE.

   Oui , voilà mon ſyſtême.
Eſt-ce ainſi qu'elle penſe ?

COLOMBINE.

    Non.

CASSANDRE.

Pourquoi ?

COLOMBINE.

  C'eſt qu'il n'eſt pas poſſible.
Ah ! ça , Monſieur Caſſandre , ayez de la raiſon.
 Eſt-ce à vous d'être ſi ſenſible ?
On veut bien vous aimer ; & qu'importe comment ?

CASSANDRE.

Vous pretendez apparamment
 Que j'ai tort d'aſpirer à plaire ,
Moi que dans tous les temps pour modele on cita ,
Moi qui fut autrefois le plus vaillant compere...

COLOMBINE.

Moi qui fus... moi qui fus... & que nous fait cela ?

ARIETTE.

 Vous étiez ce que vous n'êtes plus.
 Vous n'étiez pas ce que vous êtes :
 Et vous aviez pour faire de conquêtes ,
 Et vous aviez ce que vous n'avez plus.
 Ils ſont paſſés ces jours de fêtes ,
 Ils ſont paſſés , ils ne reviendront plus.
 Rendez-vous donc plus de juſtice ,
 Et ſi l'amour vous eſt propice ,
  Goutez en paix
  Ses doux bienfaits.
 N'en cherchez pas la quinteſſence ,
 Contentez-vous de l'apparence :
  Qui veut trop voir
  Et trop ſavoir ,
 Trouve ſouvent plus qu'il ne penſe.

CASSANDRE.

Moi j'entends voir ce qui me fait plaiſir ,
Rien de plus.

COLOMBINE.

C'eſt fort bien l'entendre !

CASSANDRE.

Et si l'on cherche à me surprendre,
Je saurai bien m'en éclaircir.
J'examinerai tout....

COLOMBINE.

Moi, je vous le conseille.

CASSANDRE.

Pour être sûr de mon fait.

COLOMBINE.

A merveille

CASSANDRE.

Vois-tu bien ces yeux-là ?

COLOMBINE.

Ce sont des yeux d'Argus.

CASSANDRE.

Ils ne dormiront pas. Compte bien là-dessus.
Adieu.   COLOMBINE.
Vous partez donc ?

CASSANDRE.

Tout-à-fait.

COLOMBINE.

Bon voyage.
(*Cassandre sort.*)

SCENE VI.

COLOMBINE, *seule.*

A qui diable en a t'il avec son radotage !
Il est des gens d'une drôle d'humeur !
Les moindres refus les irritent.
On leur accorde plus cent fois qu'ils ne méritent,
Ils ne sont pas contents. Il faut en leur faveur
Oublier que le temps laisse après lui des traces ;
Sur un front tout ridé voir folâtrer les graces,
Et dans un corps usé trouver de la fraicheur
Vous vous mocquez ! Monsieur, cela n'est pas possible,
La nature a sur nous une force invincible.
Elle indique à nos cœurs tout ce qui nous convient
Par un charme qui nous attire ;
Et si sur votre compte elle ne nous dit rien,
C'est qu'elle n'a rien à nous dire.
Je lui parle, ma foi, comme s'il étoit là.
Mais c'est qu'aussi..... Mais c'est que le voilà....
Le voilà peint à s'y méprendre.
(*Elle regarde le Tableau.*)
Bon jour.... Bonjour... Monsieur Cassandre.
Vous voulez qu'on vous aime, oui, l'on vous aimera,
Et si vous voulez même, on vous adorera.

SCENE VII.

COLOMBINE, PIERROT

PIERROT, *en dehors.*

Holà, hé, la maison... Picard... Lafleur, Lapierre.

COLOMBINE, *étonnée.*

Qui diantre fait ce carillon,

PIERROT, *courant dans la chambre.*

Pas un Laquais ici, pas une Chambriere...!
Eh bien personne ne repond :

COLOMBINE.

Eh !... mais... je connois cette mine.
Eh !... c'est Pierrot, c'est Pierrot que je voi.
Parle donc.

PIERROT.

Hein !

COLOMBINE.

Oui.

PIERROT.

C'est... Eh ! mais, c'est Colombine.
C'est toi ?

COLOMBINE.

C'est toi ?

PIERROT.

C'est moi.

COLOMBINE.

   C'est moi.

PIERROT.

Dans ce logis que viens-tu faire ?

COLOMBINE.

C'est notre demeure ordinaire.

PIERROT.

Monsieur Cassandre est-il ou mort ou délogé.

COLOMBINE.

Ni l'un ni l'autre. Il est encore en vie ;
Amoureux comme un enragé ;
Et dans trois jours il se marie.

PIERROT.

Il se marie ! ô ciel qu'ai-je entendu ?
Seroit-ce toi par hasard qu'il épouse ?
Si je le savois, tiens, vois-tu ?
Dans les transports de ma fureur jalouse...,

COLOMBINE.

Mais ce n'est pas de moi qu'il est amoureux.

PIERROT.

       Non !

COLOMBINE.

COLOMBINE.
C'eſt de ma maitreſſe Iſabelle.
PIERROT.

Iſabelle eſt ici ?

COLOMBINE.
Sans doute.
PIERROT.
Qu'y fait-elle ?
COLOMBINE.
Elle eſt chez ſon Tuteur, Monſieur Caſſandre.
PIERROT.
Bon.

COLOMBINE.
Elle a perdu ſon pere & ſa mere.
PIERROT.
Léandre ;
Quand il ſaura cela... Je vais bien le ſurprendre.
COLOMBINE.
Léandre eſt avec toi ?
PIERROT.
Nous arrivons tous deux ;
Aſſez mal-à-propos, ſi je puis m'y connoître.
COLOMBINE.

Pourquoi ?

PIERROT.
Pourquoi ? Comment mordi ! mon maitre
Va ſe voir enlever ſa maitreſſe à ſes yeux !
Et... je pourrois fort bien n'être pas plus chanceux ?
La mienne autant de ſequeſtré peut-être.
COLOMBINE.
Tu m'aimes donc toujours !
PIERROT.
Apparemment.

Et toi ?

COLOMBINE.
Je ne ſais pas.
PIERROT.
Comment.
COLOMBINE.
Mais, oui. Méritez-vous qu'on ait de la conſtance,
Vous qui, depuis deux ans d'abſence,
N'avez pas ſeulement daigné de temps en temps
Nous informer ſi vous étiez morts ou vivants.
PIERROT.
Ah ! mon enfant, la fortune inhumaine
Avoit guidé mes pas au bout de l'univers.
J'ai parcouru les terres & les mers ;
En un mot je viens de Cayenne.
COLOMBINE.
C'eſt donc bien loin ?

C

PIERROT.

> Je t'en répond.

COLOMBINE.

Qu'avez-vous trouvez-là, le Pérou?

PIERROT.

> Rien de bon;

Des sauvages fort malhonnétes,
Gens grossiers, très-peu délicats,
Qui, ma foi ne méritent pas
Que pour les visiter, on brave les tempêtes.

COLOMBINE.

Des tempêtes, grands Dieux! mais c'est pour en
> mourir.

En as-tu vu quelqu'une?

PIERROT.

> Oh! vraiment: une fiere

Qui nous a ballotés une journée entiere.
Je n'y saurois penser encor sans en fremir.

COLOMBINE.

Fais-m'en donc le récit, tu me feras plaisir:

PIERROT.

Volontiers. Des dangers que l'on a pu courir,
> En vogage comme à la guerre,
> On aime assez à discourir.
> Ecoute-donc.... ce que tu vas ouir.

ARIETTE.

Notre vaisseau, dans une paix profonde,
> Sur le vaste Océan,
> Voguoit légérement,
> Et les zephirs en se jouant
Caressoient tendrement la surface de l'Onde.
> Tout-à-coup le ciel s'obscurcit,
> Le jour fait place à la nuit,
> Les vents entr'eux se font la guerre,
> On entend gronder le tonnerre;
> Chacun de nous tremble & pâlit.
> Le Pilote interdit
> > Dans sa boussole
> > > Cherche le Pole,
> Et n'y voit goutte en plein midi;
> > Jouet des flots,
> > Le vaisseau danse,
> Et jusqu'aux cieux monte & s'élance.
> > Les matelots
> > Sans espérance
> Gardent tous un affreux silence
> Qu'interrompent les hurlements,
> > Les jurements,
> > Les siflements
> > Des élémens....

Et le tracas....
Et le fracas...
A chaque instant, un gouffre d'eau ;
Une cascade menaçante,
A nos yeux effrayés présente
Tout à la fois la mort & le tombeau...
Mais enfin après l'orage,
On voit venir le beau temps,
Et parmi tout l'équipage
Les plaisirs vont renaissants,
La joie & le bon vin,
Du danger chassent l'image,
La joie & le bon vin
Dissipent notre chagrin...

COLOMBINE, *riant.*

Pierrot, mon cher ami tu viens de loin.

PIERROT.

N'importe ;

Me voilà sain & sauf, assez léger d'argent,
Mais plein d'amour, & prêt à finir le roman ;
Pour le peu que ton cœur s'y porte.

COLOMBINE.

Hé ! .. hé ! .... la proposition....
Nous verrons. Je ne dis pas de non.

PIERROT.

Et que ferons-nous de Léandre,
Mon pauvre maître, à quoi doit-il s'attendre ?
Sans espoir de retour sera-t-il supplanté ?

COLOMBINE.

Non. C'est contre son gré que la tendre Isabelle
Se prête à la nécessité.
Mais dans le fond du cœur elle est toujours fidele.

PIERROT.

En faveur de ces deux amants,
Unissons nos efforts pour renouer leur chaîne.

COLOMBINE.

Va , va, pour les rendre contents ;
Il n'est rien que je n'entreprenne.
Le bon-homme est absent.

PIERROT.

Bon ! tant mieux.

COLOMBINE.

Pour trois jours,

Profitons de ce temps.

PIERROT, *prenant la main de Colombine.*
C'est bien dit, mes amours

COLOMBINE, *retirant sa main.*

Tais-toi donc.

PIERROT, *batifolant.*
Oui , mon cœur,

COLOMBINE, *le repouſſant;*
   Veux-tu bien être ſage !
    PIERROT.
Sans doute, car enfin.... Ah ! mais.... Le mariage.
Si tu m'en crois, formons bien vite ce lien.
   COLOMBINE.
     J'y conſens ſi tu m'aimes bien.
    PIERROT.
Je pourrois bien ſur toi former le même doute,
Mais mon cœur ſe refuſe à de pareils ſoucis,
Et je crois qu'à l'amour que tu m'avois promis
   Tu n'as jamais fait banqueroute.
   COLOMBINE.
Non, Pierrot, & jamais... jamais aucune ardeur
Ne pourra ſeulement égratigner mon cœur.
    DUO.
   COLOMBINE.
  Je brûlerai d'une flamme éternelle.
    PIERROT.
Juſqu'au tombeau je te ſerai fidelle.
   COLOMBINE.
  J'en atteſte les Dieux.
    PIERROT.
  J'en jure par tes yeux.
   COLOMBINE.
Non, jamais je ne changerai,
    PIERROT.
Oui, toujours je te chérirai.
   Tu m'aimes donc ?
    COLOMBINE.
     Ah ! je t'adore.
Et toi Pierrot ?
    PIERROT.
   Et moi... je te dévore.
  (*Il lui baiſe la main.* (
   COLOMBINE.
Doucement, tu me mords.
    PIERROT.
  Quels moments ! quels tranſports
   COLOMBINE.
Je brûlerai d'une ardeur éternelle,
Et jamais je ne changerai,
    PIERROT.
Juſqu'au tombeau je te ſerai fidelle,
  Et toujours je te chériral.
   COLOMBINE.
 Si tu manquois à ta promeſſe,
 Si tu trompois de ſi beaux nœuds...,
    PIERROT.
Si tu deviens jamais traîtreſſe,

Si tu trompois mes tendres vœux...
COLOMBINE.
Au désespoir abandonnée...
PIERROT.
Dans l'horreur de ma destinée...
COLOMBINE.
Mon cher Pierrot, je te poignarderois.
PIERROT.
Mon cher amour, moi je t'étranglerois.
COLOMBINE.
Quel excès de tendresse !
PIERROT.
      O ma chere maitresse *?*
COLOMBINE.
De cette main je te poignarderois.
PIERROT.
De mes deux mains, moi je t'étranglerois.
    Mais ce n'est pas le tout. Mon maître
Ne revient point.
COLOMBINE.
      Où peut-il être?
PIERROT.
Il est allé se mettre en habit plus décent,
Pour rendre ses devoirs au bon Monsieur Cassandre.
A son oncle.
COLOMBINE.
    Comment ! c'est l'oncle de Léandre.
Notre tuteur ?
PIERROT.
    Oui.
COLOMBINE.
    Le trait est plaisant.
Tu devrois bien l'aller chercher.
PIERROT.
        Ma fine.
Il fait bien le chemin. Pour moi je reste ici,
    Près de ma chere Colombine.
COLOMBINE.
Non ; cela sera mieux : vas-y.
Vas lui porter cette nouvelle.
De mon côté je vais prévenir Isabelle.
PIERROT.
    J'entends quelqu'un... oui ; le voici.
COLOMBINE.
Et bien ! je te laisse avec lui.
              (*Elle sort.*)

SCENE VIII.

PIERROT, LÉANDRE.

PIERROT, *à part.*

ON n'a pas toujours de la peine,
On rencontre par fois quelque chose de bon.

LÉANDRE.

As-tu fait ma commission ?

PIERROT, *à part.*

Je ne m'attendois pas à cette bonne aubaine.

LÉANDRE.

Pierrot , as-tu vu le Daron ?
Sait-il que je reviens tout exprès de Cayenne
Pour le voir, l'embrasser & pour en hériter ?

PIERROT *à part.*

Ah ! quel plaisir !

LÉANDRE.

Maraud , veux-tu bien m'écouter !

PIERROT, *vivement.*

Ah ! vous voilà , Monsieur, votre bonne fortune
Vous ammene en ces lieux : vous n'y trouvez point
Ce que vous y cherchez : mais fur un autre point.
Un heureux hazard vous rejoint....
Et nous avons ici chacun notre chacune.

LÉANDRE.

Que veut-tu dire impertinent ?

PIERROT.

Vous êtes plus heureux que sage.
Vous avez un rival , mais le mal n'est pas grand.
Je vous protége moi , vous aurez l'avantage.

LÉANDRE.

Si tu m'y fais mettre , insolent !...,

PIERROT.

Une beauté charmante, belle,
Qui vous aime toujours malgré l'éloignement....

LÉANDRE.

As-tu donc perdu la cervelle ?
Tu sais quel est l'objet, je t'en ai fait l'aveu,
Pour qui malgré le temps & l'absence cruelle,
D'une flamme toujours nouvelle
Je brûle encore à petit feu.
Ne te souvient-il plus quand certaine Négresse ,
Que le Diable avoit fait amoureuse de moi,
Prétendit me forcer à vivre sous sa loi,
Combattu par l'honneur, la pitié, la tendresse,
Pied-à-pied disputant ma foi,
Je te dis... ce n'est pas... ce n'est pas Isabelle ?

PIERROT.

Mais c'est elle aujourd'hui, c'est elle.
M'entendez-vous !... C'est Isabelle,
Qui vous aime toujours, qui vous attend ici,
Ici dedans.

LÉANDRE.

Ah ! mon ami !
Que me dis-tu ? Par quel prodige ?
Dois-je te croire ?

PIERROT.

Et oui, vous dis-je.
Dans l'instant Colombine ici l'amenera.

LÉANDRE.

Où donc est elle ?

PIERROT.

La voilà.

SCENE IX.

LÉANDRE, PIERROT, ISABELLE, COLOMBINE.

ISABELLE, *courant au devant de Léandre.*
Est-ce vous que je vois cher amant ?

LÉANDRE.

Chere amante !

ISABELLE.

N'est-ce point un enchantement ?

PIERROT.

C'est lui-même, j'en suis garant.

ISABELLE.

Venez-vous dissiper l'ennui qui me tourmente ?

LÉANDRE.

J'avouerai qu'en ces lieux, je ne vous cherchez pas.
Mais de vous y trouver mon plaisir est extrême.
J'y venois voir mon oncle.

ISABELLE.

Hélas !
Il est votre rival, il m'aime,
Et, si je l'en eusse cru,
Notre hymen seroit conclu.

LÉANDRE.

Vous pouviez m'oublier !

ISABELLE.

Malgré moi, je vous jure.
Colombine vous le dira.
Son sentiment étoit qu'en cette conjoncture
Je devois en passer par-là.

LÉANDRE, *à Colombine.*

Pourquoi lui conseiller une insigne parjure ?

COLOMBINE.

Dame ! Monsieur , vous n'étiez pas ici ?
A Madame il lui faut un mari.
C'est un point décidé : son tuteur se présente :
Le vieux bon-homme a la marche pésante ,
Il n'a pas comme vous, les graces du maintien :
Mais un Cassandre enfin vaut encore mieux qu'un rien.

PIERROT.

C'est quelquefois la même chose.

COLOMBINE.

Auriez-vous mieux aimé qu'elle restât fille ?

LÉANDRE.

Oui.

ISABELLE, *à Léandre.*

Je ne le pouvois pas décemment , moi ami.
Le monde est trop méchant , pour un rien l'on nous
    glose.

LÉANDRE.

Je me rends. Je vois bien que tout est mieux ,
Et vous me trahissiez , sans offenser mes feux.

ISABELLE.

Non , non banissez toute crainte.
Léandre seul pouvoit devenir mon vainqueur ;
    Et son image dans mon cœur
    Étoit trop vivement empreinte.

ARIETTE.

    La nuit dans les bras du sommeil ,
    Je rêvois de mon cher Léandre.
    Je croyois le voir & l'entendre ,
    Je l'appellois à mon reveil ,
    Et je disois d'un ton si tendre !
    Ah ! Léandre , mon cher Léandre ,
    Tu tardes bien à revenir !
    Veux-tu donc me faire mourir ?

DUO.

LÉANDRE.

Votre amant souffroit même peine ;
Et son cœur étoit à la gêne.
    Loin de vos charmes ,
    Dans les alarmes
Que j'ai passé des tristes jours !

ISABELLE.

Mais l'amour , sensible nos larmes ,
Vient calmer nos tendres alarmes.
    D'un long martyre ,
    Par un sourire ,
Ce Dieu charmant finit le cours.

LÉANDRE.

Cherissons l'heureuse journée
Qui fait cesser notre tourment.

ISABELLE,

ISABELLE.

Peut-on être fortunée
Que je la suis en ce moment ?

ENSEMBLE.

Ah ! nos cœurs sont faits l'un pour l'autre !
Par le mien je juge du vôtre.
Même souffrance,
Même espérance,
Même désirs,
Même plaisirs.

COLOMBINE.

Madame, il me vient une idée.
Nos pauvres amoureux sont las.
Faisons-les rafraichir.

ISABELLE.

Fais ce que tu voudras !

PIERROT.

La cuisine est-elle fondée ?

COLOMBINE.

Va, va, ne t'embarrasse pas.
Vient m'aider seulement.

PIERROT.

Ce trait de prévoyance
Mérite de ma part ce doux remerciment.
(*Il l'embrasse.*)

COLOMBINE.

Doux pour toi.

PIERROT.

D'accord, mais je pense ;
Quand je me fais plaisir, que je t'en fais autant.

ISABELLE, *à Léandre.*

Mais vous m'avez cherché querelle
Sur la fidélité que l'on doit en amour
Pourrois-je savoir à mon tour
Si vous avez toujours été fidele ?

LÉANDRE.

Toujours. Toujours. Demandez à Pierrot.

PIERROT.

Monsieur Léandre ?... c'est... un héros de tendresse.
(*Bas à Léandre.*)
Parlerai-je de la Négresse ?

LÉANDRE, *bas à Pierrot.*

Coquin, si tu dis un seul mot.....
(*A Isabelle.*)
Je vous dirai bien plus. Une telle victoire
N'ajoute pas beaucoup à votre gloire.
Le sexe, en ces lointains climats,
Est si gauche, si laid, si dépourvu d'appas ;
Qu'un homme comme il faut, que l'honneur sollicite ?

D

Dans le fonds n'a pas grand mérite
A se garantir de ses lacs.

   ISABELLE.

Point du tout ont les dit si jolies
Les femmes de ce pays-là.

   LÉANDRE.

Fi donc, ne croyez pas cela.
Pour faire excuser leur folies,
Des voyageurs, hâbleurs, menteurs,
En font de beautés accomplies :
Qui d'un regard charment les cœurs.
Vains discours, récits infideles.
J'en ai vu beaucoup, & de près,
Et n'ai pas sujets d'admirer leurs attraits.
Elles n'ont ni vos gentillesses,
Ni vos graces enchanteresses,
Ni ce goût délicat qui donne à la beauté
Plus de piquant & de vivacité,
Et dont je vois ici de si charmants modeles.
Comment peut-on les trouver belles ?

   ISABELLE.

Il faut avoir un goût bien dépravé.

   LÉANDRE.

Le terrein seroit bon, s'il étoit cultivé.

  COLOMBINE, *à Pierrot.*

Que fais-tu donc-là ?

   PIERROT.

      Je regarde.
Tenez, Monsieur. Vous n'avez pas pris garde...
Reconnoissez-vous ce portrait ?

  LÉANDRE, *regardant avec une loupe.*

Mais je dois croire.... & je crois en effet
Que c'est mon très-cher oncle.

   COLOMBINE.

     Oui, lui-même en personne.

   ISABELLE.

Eh bien ! qu'en dites-vous ?

   LÉANDRE.

    La peinture est fort bonne ;
Mais je le trouve bien vieilli.

   ISABELLE.

Il n'est pas dans son jour, venez le voir ici.

  COLOMBINE, *à Pierrot.*

(*Colombine & Pierrot posent le tableau vis-à-vis la*
seconde coulisse, du côté de la Reine.)
Posons le près de cette table.

  LÉANDRE, *considérant le tableau.*

Oui, voilà bien sa mine véritable.

   COLOMBINE.

Ah ça, tandis qu'on met le couvert.

Sans façons quittez-nous la place.
Votre présence ici nous embarrasse
Allez dans le jardin tous les deux prendre l'air.
(*Isabelle & Léandre sortent.*)

SECNE X.

PIERROT, COLOMBINE.

PIERROT.

C'Est bien dit : hâtons-nous. Car la faim me talonne.
Portons cette table à nous deux.
(*Ils apportent au milieu du Théâtre une Table cou-
verte d'une nappe, & de quatre couverts.*)
Des lumieres dessus.
(*On pose deux bougies sur la Table & Colombine
apporte un pâté.*)
Un pâté! bon, tant mieux.
Nous lui dirons deux mots. Ah! charmante friponne!

COLOMBINE.

Pierrot, finis, ou bien va t'en dans le jardin.

PIERROT.

Ah! l'excellent pâté! quelle odeur! quelle croûte!

COLOMBINE.

Si je te laisse ici, tu ne pourras sans doute
T'empêcher d'y porter la main :
Viens avec moi chercher du vin.
(*Elle sort avec Pierrot.*)

SCENE XI

CASSANDRE, *seul.*

(*Il sort tout doucement du Cabinet où il étoit caché.*)

SOrtir par une porte, rentrer par un autre,
En même temps être absent & présent,
C'est un tour.... C'est un tour....
(*Voyant la table mise, &c.*
Celui-ci vaut le nôtre.
Avec tant de fracas est-ce moi qu'on attend?
Non; le couvert est mis pour quatre,
Et l'on me croit bien loin. Quand je serois ici,
Nous ne sommes que trois, il en faudroit rabattre:
Mais non; je suis tout-à-fait dans l'oubli :
Pour d'autre que pour moi la fête est préparée.....
(*Il compte sur ses doigts.*)
Colombine, Isabelle..... Ah! c'est partie quarrée:

Elles n'auront pas lieu de se reprocher rien.
　　Chacune, chacune a le sien.

ARIETTE.

　　C'est donc ainsi que l'on m'abuse,
　Cœurs faux, cœurs doubles, cœurs ingrats !...
　　Mais, non, je vous demande excuse :
　　Non, non; vous ne me trompiez pas.
　　Quand j'ai feint de quitter ces lieux,
　　Vous avez fait bien des grimaces,
　　Des pleurs ont coulé de vos yeux. ...
　　J'en vois ici des belles traces,
　　Les apprêts d'un festin joyeux !
　　　C'est donc ainsi que l'on m'abuse,
　Cœurs faux, cœurs doubles, cœurs ingrats !....
　　Mais, non, je vous demande excuse :
　　Non, non ; vous ne me trompiez pas.
　　Je m'en doutois, j'étois certain....
　　La trahison étoit trop claire....
　　Mais qui... mais qu'est-ce... mais enfin...
　　Quel est celui qu'on me préfère !...
　　Je le verrai... fin contre fin....
　　Je percerai tout ce mystere.
　　Mais le diable est-il plus malin !...
　　　C'est donc ainsi que l'on m'abuse, &c.
Mais pourquoi mon portrait est-il changé de place !
　　Qui l'a mis là pour quel sujet !...
Ils voudroient me narguer & m'insulter en face.....
Et ma figure au moins remplira leur objet.
Pour les contre-carrer, usons de stratagêmes :
Et tournons, s'il se peut, la ruse contre eux-mêmes.
　　Mais comment m'y prendre ! Voyons.
Me montrer tout-à-coup... Ils auront des raisons.
　　Pour démentir ses apparences.
　　J'aurai tort... Ils reviennent... Non......
　　Non... Pour avoir plus d'assurances,
Cachons-nous à quelque part... Sous cette table ...
　　Non.　　　　　(*Il se met derriere le Tableau.*)
Ici je serai mieux.... Ah ! le tour seroit bon....
　　Oui, c'est une excellente idée....
　　J'adopte vos projets... Bien plus,
　　Je renchérirai par dessus.
　　C'est une affaire décidée.
Vous aimez à me voir, & bien vous me verrez ;
Non tel que vous me croyez, mais d'une autre maniere :
Ce sera moi : oui, moi, sans voile, sans mystere....
　　Et de tout ce que vous ferez
　　Je serai témoin oculaire.
　　Point de quartier.... Que vais-je faire ?....
Découper ce tableau !... Pourquoi le ménager !.....
　　Il est à moi ! je puis bien sans danger.....

(Il découpe & enleve la tête du portrait.)
Oui, puisqu'enfin la perfidie
S'apprête à me porter le coup le plus fatal ,
Aux dépens de la copie
Je sauverai l'original.
L'obscurité me favorise
Et la prétention qui les aveuglera
Peut bien encor aider à la méprise.
En tout cas j'agirai comme l'on agira.
(Il se place derriere le Tableau & passe sa tête par
l'ouverture qu'il a faite.)

SCENE DERNIERE.

LÉANDRE , PIERROT , ISABELLE , COLOMBINE.

(Cassandre dans le Tableau.)

LEANDRE , *à Isabelle.*

Comment ! trois jours plus tard je perdois ma Maîtresse.

CASSANDRE , *à part.*
Je connois ces visages-là.

ISABELLE.

Assurement.

COLOMBINE.
Bon , bon ! oublions tout cela ;
D'un fâcheux souvenir bannissons la tristesse ,
Et ne songeons plus qu'au plaisir.
A table , à table ; allons point de cérémonie.

ISABELLE.

M'y voilà.

PIERROT.

M'y voilà.

LEANDRE , *assis à table.*
Comptez , ma chere amie . . . . .

PIERROT.

Goûtons d'abord le vin . . .

LÉANDRE.
Eusse-je dû périr ,
Mon fortuné rival eut payé de sa vie
Le bonheur de jouir de vos divins appas.

PIERROT.

Ah ! Dame ! c'est un fier-à-bras.
A sa fureur quand il se livre...

ISABELLE.

Quoi ! votre oncle !

CASSANDRE , *à part.*
On me tient.

LÉANDRE.
Ah ! lui c'est différent.

Comme il n'a pas l'ong-temp à vivre,
J'eusse attendu sa mort assez patiemment.
CASSANDRE, *à part.*
Le méchant garnement !
ISABELLE, *à Léandre.*
Buvez donc.
LÉANDRE, *tenant son verre.*
Ma chere Isabelle,
Permettez-vous.
(*Il choque avec elle.*)
CASSANDRE, *à part.*
Ah ! Ciel, mon vin !
ISABELLE, *à Léandre.*
De tout mon cœur.
PIERROT.
Nous avons eu plus de bonheur,
Ma Colombine & moi. Toujours tendre & fidele....
COLOMBINE.
Plus que je ne devois.
ISABELLE, *à Léandre.*
De quoi vous plaignez-vous ?
Pendant deux ans votre silence
M'avoit ôté toute espérance.
Par raison, par devoir ; je prenois un époux.
Mais je ne l'aimois point. En devenant sa femme,
Quand ma bouche feignoit de répondre à sa flamme ;
D'approuver ses tendres désirs,
C'est à vous qu'en secret j'adressois mes soupirs.
CASSANDRE, *à part.*
Où m'allois-je fourrer ?
COLOMBINE.
Le plaisant de l'affaire,
C'est que ce vieux penard !...
CASSANDRE, *à part.*
J'étouffe de colere.
COLOMBINE.
Est difficile à contenter.
Avec sa face de carême,
Il prétend, de plus il ose se flatter,
Comme un beau Céladon, d'être aimé pour lui-même.
CASSANDRE, *à part.*
La coquine.
COLOMBINE, *à Pierrot en lui donnant un soufflet.*
Faquin !
PIERROT, *surpris.*
Est-ce pour plaisanter ?
COLOMBINE.
C'est pour t'apprendre à m'appeller coquine.
ISABELLE.
Vous êtes Colombine.

COLOMBINE.

Non , mais il faut savoir se faire respecter.

PIERROT, *tenant sa joue.*

Je ne lui disois rien.

COLOMBINE.

Ah ! point de ton maussade.

Mange , & tais-toi.

PIERROT.

Je n'ai plus d'appétit.

COLOMBINE.

Pardi te voilà bien malade.
Embrasse-moi ; tout sera dit.

LÉANDRE, *à Isabelle.*

Si nous faisions chorus !

ISABELLE.

Avec plaisir.

CASSANDRE, *à part.*

J'enrage.

LÉANDRE.

En attendant le mariage....

ISABELLE.

Mais Cassandre à qui j'ai promis...

COLOMBINE.

Quand vous auriez juré vos grands Dieux, c'est bien pis ;
Il n'en feroit pas davantage.
Serment d'amour , serment d'usage ,
Qui ne se fond jamais que sous condition ,
Et dont on se dédit suivant l'occasion ,
Quand on trouve son avantage.

PIERROT.

Fort bien imaginé.

CASSANDRE, *à part.*

J'étois le pis aller !

COLOMBINE.

Oui , oui , Madame il faut parler.
Léandre est de retour, cela change la these.
N'allez pas faire ici la sotte & la niaise ,
Je vous conseille moi...

ISABELLE.

Mais mon destin dépend
De mon tuteur. Sans son consentement
Que faire !

LÉANDRE.

Nous l'aurons

ISABELLE.

Je crains....

LÉANDRE.

Soyez-en sûre.

Il est bon-homme au fond ... & ... voyez sa figure...
Elle n'annonce rien de dur , ni de méchant.

ISABELLE

Ce n'est que son portrait ... Mais s'il étoit présent ...

LÉANDRE.

Pour vous encourager, essayez-vous d'avance.
Allez lui déclarer notre tendre penchant.

ISABELLE.

Parler à ce portrait *!* Ah *!* qu'elle extravagance !
Il faudra donc que je lui dise ainsi.

(*Elle se leve de table.*)

PIERROT.

Donnez-vous pour l'instant certain air d'innocence.

ISABELLE.

Les yeux baissés !

LÉANDRE.

Fort bien.

ISABELLE.

Je ne saurois.

COLOMBINE ET PIERROT.

Si , si.

ISABELLE, *s'adressant au Tableau.*

Monsieur, voilà l'Amant que mon cœur a choisi,
Je ne saurois aimer que lui :
Consentez-vous à me le donner ?

CASSANDRE, *forçant sa voix.*

Oui.

ISABELLE.	LÉANDRE.	CASSANDRE.	COLOMBINE.	PIERROT.

O Ciel ! ô Ciel !
Quel tour cruel !
Est-il croyable ?
Mais c'est le diable.
Maudit vieillard,
Qu'on croit parti,
Qui dans l'instant se
   trouve ici !
Il a tout vu,
Tout entendu,
Qui l'auroit cru ?
Tout est perdu.
Il va crier,
Pester, jurer,
Il va vouloir nous
   séparer,
Nous séparer,
Nous désunir.
Ah ! pourriez-vous y
   consentir.
Jamais, jamais,
Je ne pourrois
Plutôt mourir,
Plutôt mourir.
	O Ciel ! ô Ciel !
	Quel tour cruel !
	Est-il croyable !
	Mais c'est le diable.
	J'en suis, j'en suis
	   tout interdit.
	Tout stupéfait,
	Tout déconfit
	Il a tout vu, &c.
	(Comme Isabelle.)
		Ah ! j'ai tout vu,
		Tout entendu.
		Un tour semblable
		Est-il croyable !
		Qui l'auroit cru ?
		        bis.
		J'en doute encor,
		Moi qui l'ai vu,
		Vous voilà pris
		Au dépourvu.
		Quoi ! votre cœur
		Est abatu !
		Il ne faut pas déses-
		   pérer.
		Vous saurez bien vous
		   en tirer.
		Vous ne cherchiez
		   qu'à me trahir.
		Et moi j'ai su vous
		   prévenir.
		Ah! ah ! ah ! ah! ah !
		Ah ! quel plaisir, &c.
			O Ciel ! ô Ciel !
			Quel tour cruel !
			Est-il croyable ?
			Mais c'est le diable.
			Maudit vieillard qu'on
			   croit parti.
			Qui dans l'instant se
			   trouve ici !
			Il a tout vu,
			Tout entendu.
			De son courroux
			Je crains les coups.
			Il va crier, pester,
			   jurer,
			Où me cacher ?
			Où me fourrer ?
			A ses regards
			Comment m'offrir ?
			Comment le fuir ?
			Que devenir ?
			Jamais, jamais,
			Je n'oserois,
			Je ne pourrois
			Le démentir.
				O Ciel ! ô Ciel !
				Quel tour cruel !
				Est-il croyable !
				Mais c'est 'e diable.
				J'en suis, j'en suis tout
				   interdit.
				Tout stupéfait,
				Tout déconfit ;
				Il a tout vu,
				Tout entendu, &c.
				(Comme Colombine.)

           CASSANDRE, *à Isabelle.*
Eh bien ! vous ne dites plus mot !
Quel est donc à présent le soin qui vous occupe ?
                LÉANDRE.
        Monsieur...
                CASSANDRE.
                    Taisez-vous, maître sot.
                        (*A Isabelle.*)
        Vous avez cru que j'étois votre dupe.
          ISABELLE, *d'un air soumis.*
Monsieur... C'est malgré moi... Je ne prévoyois pas.
Et j'esperois si peu... pour sortir d'embaras...
Ma résolution... Parle toi, Colombine.
                CASSANDRE.
        Et que dira cette coquine !....
                COLOMBINE.
Puisque vous savez tout, il faut vous l'avouer.
Ce que l'on en faisoit, c'étoit pour vous jouer.
On se mocquoit de vous, Monsieur je le confesse.
On ne le fera plus, vous avez trop d'adresse.
                CASSANDRE.
            La plus noire des trahisons !...
                PIERROT.
        Monsieur, un peu de patience.
Nous ne l'avons pas fait sans de grandes raisons.
L'amour.... ce petit Dieu... qui fait par sa puissance...
            Extravaguer l'adolescence...
Et... conduit la vieillesse aux petites maisons...
                CASSANDRE.
Eh bien !

                PIERROT.
Eh bien ! Monsieur... lorsque sa flamme brille...
Ça fait qu'on ne voit goutte... & la chaleur du feu.....
            Enfin c'est pour votre neveu ;
            Ça ne sort pas de la famille.
                CASSANDRE.
C'est à merveille... mais de mon juste courroux
            Vous devez éprouver les coups.
            Je veux, quoique vous puissiez dire,
            Etre enfin le dernier à rire....
Je vous unis tous deux pour me venger de vous.
            COLOMBINE, *à Cassandre.*
            Nous ne sommes pas moins coupables.
Nous avons machiné ces complots détestables ;
                    (*montrant Pierrot.*)
            Voulez-vous nous punir aussi ;
                CASSANDRE.
Mariez-vous. Allez au Diable.
        COLOMBINE, *faisant la révérence.*
                        Grand-merci.

VAUDEVILLE.

TOUS, *hors Caſſandre.*	**CASSANDRE.**
Le Dieu de la tendreſſe	Du Dieu de la tendreſſe,
Sourit à la jeuneſſe.	Heureux qui peut ſans ceſſe
Il fuit avec couroux	Affronter le couroux,
Les vieux & les jaloux.	Braver, braver les coups.
De l'amour,	De l'amour,
En ce jour,	En ce jour,
Goûtons l'aimable ivreſſe.	Je fuis la voix traîtreſſe.
Ses ardeurs	Ses douceurs,
Dans nos cœurs	Ses ardeurs,
Ne portent que des coups	Bientôt nous rendent tous
Doux.	Foux.

CASSANDRE.
L'amour eſt un enfant
Fier & doux par caprice.
Ce qu'il donne, à l'inſtant
Il le reprend.
Après quelque ſervice,
Il vous met hors de lice.
Il ne fait nul état
D'un vieux ſoldat.

(*Tous reprennent le Rondeau.*)

LÉANDRE & ISABELLE, *en Duo.*
L'amour de nos ſouhaits
A comblé la meſure.
Célébrons à jamais
Ses doux bienfaits.
Ce moment nous aſſure
Une volupté pure.
Pour qui ſait en jouïr
Ah ! quel plaiſir !

(*On reprend le Rondeau.*)

COLOMBINE.
Le bonheur de Pierrot....

PIERROT.
Eſt dans ſa Colombine.

COLOMBINE.
Colombine en Pierrot....

PIERROT.
Trouve un bon lot.

COLOMBINE.
Cette œillade aſſaſſine.....

PIERROT.
Cette peſte de mine...

COLOMBINE.

Promet, promet beaucoup.

PIERROT.

Et tiendra tout.

(On reprend le Rondeau en Chœur.)

FIN.

On trouve à Avignon, chez les Freres Bonnet, Imprimeurs, Libraires, vis-à-vis le Puits des Bœufs, un assortiment de Pieces de Théâtre, imprimées dans le même goût.